BEI GRIN MACHT SICH IHR WISSEN BEZAHLT

- Wir veröffentlichen Ihre Hausarbeit,
  Bachelor- und Masterarbeit

- Ihr eigenes eBook und Buch -
  weltweit in allen wichtigen Shops

- Verdienen Sie an jedem Verkauf

Jetzt bei www.GRIN.com hochladen und kostenlos publizieren

Marcel Rapp

Der Prozess gegen Cn. Calpurnius Piso im Jahre 20 n. Chr.

Berühmte Prozesse der Antike

GRIN Verlag

Bibliografische Information der Deutschen Nationalbibliothek:

Die Deutsche Bibliothek verzeichnet diese Publikation in der Deutschen National-
bibliografie; detaillierte bibliografische Daten sind im Internet über http://dnb.d-
nb.de/ abrufbar.

Impressum:

Copyright © 2012 GRIN Verlag GmbH
Druck und Bindung: Books on Demand GmbH, Norderstedt Germany
ISBN: 978-3-656-72234-2

Dieses Buch bei GRIN:

http://www.grin.com/de/e-book/279407/der-prozess-gegen-cn-calpurnius-piso-im-
jahre-20-n-chr

GRIN - Your knowledge has value

Der GRIN Verlag publiziert seit 1998 wissenschaftliche Arbeiten von Studenten, Hochschullehrern und anderen Akademikern als eBook und gedrucktes Buch. Die Verlagswebsite www.grin.com ist die ideale Plattform zur Veröffentlichung von Hausarbeiten, Abschlussarbeiten, wissenschaftlichen Aufsätzen, Dissertationen und Fachbüchern.

Besuchen Sie uns im Internet:

http://www.grin.com/

http://www.facebook.com/grincom

http://www.twitter.com/grin_com

Der Prozess gegen Cn. Calpurnius Piso im Jahre 20 n. Chr.

In der finalen Sitzung ging es um den Prozess gegen Cnaeus Calpurnius Piso im Jahre 20 n. Chr.

Zu Hilfe wurde der Text „Die Täuschung der Öffentlichkeit – Der Prozess gegen Cnaeus Calpurnius Piso Im Jahre 20. n. Chr." von Werner Eck genommen.

Piso wurde wegen Giftmordes an Nero Claudius Germanicus, einem römischen Feldherrn und Sohn des zu dieser Zeit amtierenden römischen Kaisers Tiberius, sowie wegen politischer Verbrechen vor dem Senat angeklagt. Als er erkannte, dass seine Lage vor dem Senat aussichtslos erscheint, verübte der damals 62 jährige und seit 37 Jahren als Mitglied des Senats handelnde Piso in der Nacht vom 8. auf den 9. Dezember 20 n. Chr. Selbstmord.

Für lange Zeit war die Hauptquelle des Piso-Prozesses die Darstellung im zweiten und dritten Buch der „Annalen" von Tacitus, ein bedeutender römischer Historiker und Senator. Doch vor einigen Jahren, Ende der 1980er Jahre, fand man im Süden Spaniens, in der ehemaligen römischen Provinz Baetica, eine Inschrift aus Bronze mit jenem Senatsbeschluss, dem *„Senatus consultum de Gnaeo Pisone patre"*, der den Prozess gegen Piso nach dessen Tod beendet hatte und neue Aufschlüsse über den Prozessablauf brachte.

Obwohl Tacitus bei seiner Darstellung auch dokumentarisches Quellenmaterial einsah, weisen diese Zorn und Voreingenommenheit bzgl. Tiberius auf. Im Kern ging es vor allem um die Affäre von Tiberius und seinen Adoptivsohn Germanicus.

Angeklagt war Cnaeus Calpurnius Piso, Senator und, gemeinsam mit Tiberius, ordentlicher Konsul im Jahre 7 v. Chr. Unter Augustus erhielt er verschiedene Statthalterschaften, u.a. in Syrien, und war zudem Mitglied mehrerer Priesterschaften. Nachdem Tiberius ab 14. n. Chr. römischer Kaiser wurde, war Piso in seinen ersten Regierungsjahren eine herausragende Gestalt im Senat und fand wegen seiner Unabhängigkeit und Freundschaft mit dem Kaiser klarere Worte als die meisten anderen Senatsmitglieder.

Desweiten wurden seine Frau Munatia Plancina und Marcus, sein Sohn, vor dem Senat angeklagt, da er seinen Vater nach Syrien begleitete und war so im Vaters Verbrechen verstrickt.

Sein Opfer war Nero Claudius Germanicus Caesar, römischer Feldherr und Großneffe des ersten römischen Kaisers Augustus, der ihn als Nachfolger des Tiberius im Kaiseramt vorsah. Er agierte als Befehlshaber der Rheinarmee, feierte, als er im Mai 17 n. Chr. nach Rom zurückkehrte, einen Triumph über Germanien, woraufhin ihm Tiberius ein Sonderkommando über alle östlichen Provinzen des Reiches übertrug, um dort an seiner Stelle als Vertretung politische Neuordnungen durchzuführen und als Herrscher im Osten zu agieren. Dort, genauer gesagt in Syrien, starb er am 19. Oktober 19 n. Chr., angeblich vom Statthalter der Provinz, Piso, vergiftet.

Der Prozess fand vor dem Senat statt, einem Gremium, was nominell rund 600 Personen umfasste, wovon zwischen 250 und 400 Senatoren an den Sitzungen teilnahmen. Somit kommt ihm eine richterliche Funktion zu, obwohl es keinen einzelnen, umfassenden Rechtsakt gegeben hat, durch den jener als Gerichtshof eingerichtet worden wäre. Dennoch war er in der Lage, von der gesetzlichen Strafe für ein Verbrechen abzuweichen, jene zu mildern oder zu verschärfen, je nachdem, wie es der politisch-soziale Kontext erforderte.

Piso selbst hatte aufgrund seines schroffen Charakters und Arroganz nur wenig Rückhalt im Senat, doch weder für die Ankläger noch für die Angeklagten war es möglich, scheinbare Gegner aus dem Richtergremium zu entfernen. Die Anklage wurde zwischen dem 28./29. November und dem 10. Dezember des Jahres 20 n. Chr. behandelt.

Zunächst stellt sich die Frage, warum es zwischen Piso und Germanicus überhaupt zu Streitigkeiten kam. Germanicus brach im Herbst 17 n. Chr. nach Osten auf, Piso war zeitgleich Statthalter des römischen Kaisers Tiberius in der Provinz Syrien und *adiutor*, also Unterstützer, des Germanicus tätig. Dieser erhielt durch einen Spezialauftrag durch Volksgesetz die Bestimmung, die Lage in den östlichen Provinzen im Sinne des römischen Kaisers zu ordnen und zu festigen. Er wandte sich nach Armenien, sobald er im Osten eingetroffen war, um dort einen neuen König einzusetzen und forderte von seinem Unterstützer Truppen, um dort eine militärische Stütze zu erhalten. Piso aber kam seinem Befehl nicht nach, sodass es im Jahre 18 n. Chr. bei einem Zusammentreffen der beiden zum ersten Konflikt kam. Später griff Germanicus in die inneren Angelegenheiten Syriens ein. Die von ihm gestellten Anordnungen wurden von Piso wiederum rückgängig gemacht und zwischen den beiden entwickelte sich offene Feindschaft. Als Piso keine Möglichkeit mehr sah, seiner Aufgabe als Statthalter Syriens nachzugehen, verließ er jene Provinz, nachdem er erfolglos versuchte, sie zurück zu gewinnen. Am 10. Oktober 19 n. Chr. lag Germanicus währenddessen im Sterben, verkündete von seinem Sterbebett aus, dass Piso seinen Tod durch Gift verursacht hätte und beauftragte wiederum seine Freunde, seinen Tod zu rächen. Daraufhin starb Germanicus und als Piso ein Jahr später schließlich wieder in Rom eintraf, wandten sich Freunde des Verstorbenen an die Konsuln, um ein Verfahren vor dem Senat zu eröffnen.

Dieses begann Ende November vor dem Senat, dessen Vorsitz Tiberius, der seit fünf Jahren im Amt war, selbst führte, die oberste Instanz also einnahm, und an dem mindestens 300 Senatoren teilnahmen. Jener musste verschiedene Aspekte auseinander halten. Wenn Piso erstens seine Pflichten als Legat verletzt und seine Freude über den Tod Germanicus´ kundgetan hätte, werde er als Privatmann mit ihm abrechnen. Falls Piso zweitens wirklich den Mord verübt hätte, müsse er die dafür vorgesehene Strafe erhalten. Wenn Piso drittens Hochverrat gegenüber dem Heer begangen habe, müsse untersucht werden, in welchem Maße das mit der Realität übereinstimmt.

Piso wurde also Folgendes zur Last gelegt: Er habe aus Hass gegenüber Germanicus und in hochverräterischer Absicht die Soldaten korrumpiert, den Sohn des Kaisers durch Gift und Verwünschungen aus dem Weg geräumt und darüber hinaus den Staat mit Waffengewalt in seine Gewalt zu bringen versucht.

Näher ausgeführt soll er seine Pflichten als *adiutor* gegenüber Germanicus verletzt haben und nach seinem Tod versucht haben, einen Bürgerkrieg auszulösen, indem er römische Soldaten zum Kampf für seine Rückkehr nach Syrien zwang. Einerseits soll er Terror gegenüber der einen Truppenhälfte ausgeübt, über jene Todesurteile verhängt, und die andere Hälfte mit Geldgeschenken korrumpiert haben, wodurch es zu einer Spaltung im syrischen Heer kam. Die Freude über den Tod Germanicus' wurde ihm überdies vorgeworfen.

Zwischen der Tacitus-Darstellung und dem eigentlichen Senatsbeschluss gibt es gewisse Unterschiede: In Zweitgenanntem kommt der Anklagepunkt, Piso habe Germanicus durch Gift und Zauberei aus dem Weg geräumt, als Grundlage für die Verurteilung nicht vor. Auch der Vorwurf der Todesurteile gegen die Soldaten, kann nicht als Grundlage genannt werden, da jene in einer Kriegssituation ausgesprochen wurden, nämlich während Piso versuchte, seine Provinz zurück zu gewinnen, und in einer selbigen der Oberkommandierende, in diesem

Fall Piso selbst, durch keinerlei Regeln eingeschränkt wird. Überdies wurden auch keine Beweise dafür erbracht, dass Pisos Verhalten nach dem Tod des Germanicus nicht von Trauer geprägt war.

Alle Anklagepunkte wurden also fallen gelassen außer jener, der die Auslösung eines Bürgerkrieges, das schlimmste politische Verbrechen also, thematisierte. Als sich Piso auf Kos aufhielt, kamen Centurionen und Tribunen des syrischen Heeres zu ihm, die ihn aufforderten, in seine Provinz zurückzukehren. Man bekräftigte ihn, er sei unrechtmäßig aus Syrien vertrieben worden, die Legionen stünden auf seiner Seite. Als es jedoch zum Ernstfall kam, traten sie nicht auf seine Seite, wodurch es zum Kampf römischer Soldaten gegen römische Soldaten, und damit gegen den römischen Herrscher selbst, einem Bürgerkrieg also, kam. Ein Bürgerkrieg wäre grundsätzlich als Mittel der Politik sanktioniert gewesen, auch gegen den römischen Kaiser selbst, Deshalb half Piso auch seine jahrelange Freundschaft zu Tiberius nichts, dieser musste ihn fallen und es zu einer Verurteilung Pisos kommen lassen.

Sein Selbstmord wurde als Flucht angesehen, nur wenige Tage vor seiner definitiven Verurteilung. Dennoch wurde der Prozess über seinen Tod hinaus fortgeführt, da anderenfalls das schlimmste politische Verbrechen nicht verurteilt und bestraft worden wäre. Das Urteil gegen Piso hätte auf Tod durch das Schwert lauten müssen. Darüber hinaus sollte sein Tod, sein Vermächtnis und sein Name mundtot gemacht werden. So sollte die Möglichkeit, einen Bürgerkrieg als Mittel der Politik einzusetzen, demonstrativ und abschreckend verurteilt werden. Es sollte also nichts mehr an das politische Verbrechen Pisos erinnern. Pisos Frau und sein Sohn wurden hingegen freigesprochen.

Die Delikte und die Ursachen für die politische und gesellschaftliche Krise lagen also bei ihm, Piso, er durfte der Strafe also selbst über seinem Tod hinaus nicht entkommen, um jene zu bewältigen.

Literatur

Werner Eck, Die Täuschung der Öffentlichkeit – Der Prozess gegen Cnaeus Calpurnius Piso Im Jahre 20. n. Chr., S. 128 – 145.